6 minutos al día
MUSLOS Y CADERAS FIRMES

6 minutos al día MUSLOS Y CADERAS FIRMES

SARA ROSE

Producido originalmente por Bridgewater Book Company Ltd

Fotografía: Ian Parsons
Modelo: Jade

Parragon Books Ltd
Queen Street House
4 Queen Street
Bath BA1 1HE, Reino Unido

Traducción del inglés: Carme Franch Ribes para LocTeam, S. L., Barcelona
Redacción y maquetación: LocTeam, S. L., Barcelona

ISBN 978-1-4075-1681-3

Impreso en Indonesia
Printed in Indonesia

Advertencia
Consulte con su médico antes de realizar estos ejercicios, en especial si padece alguna lesión, está embarazada o ha dado a luz recientemente. Se recomienda dejar transcurrir al menos seis semanas después del parto antes de practicar ejercicio (12 semanas en caso de cesárea). Si en algún momento sintiera dolor o molestias, deje de practicar los ejercicios y consulte de inmediato con su médico.

ÍNDICE

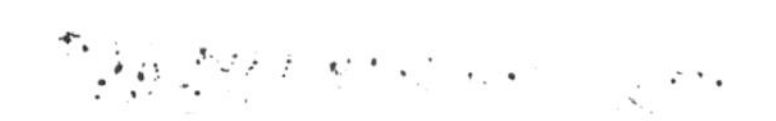

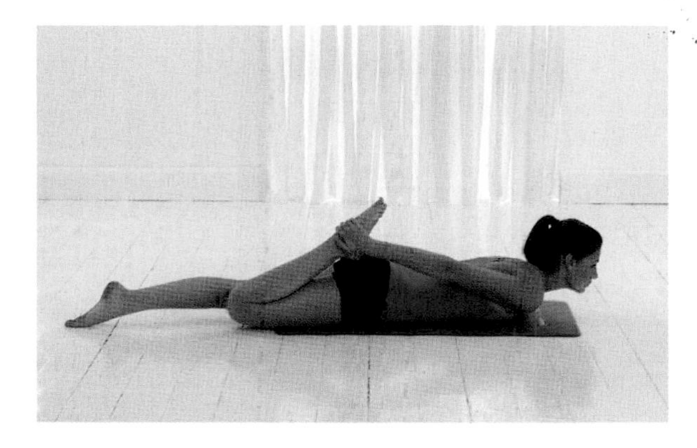

INTRODUCCIÓN

Tapados y ocultos a la vista la mayor parte del año, los muslos y las caderas suelen ser las zonas del cuerpo que requieren más trabajo. Pero si no te apetece pasarte horas en el gimnasio ni probar miles de dietas, no te preocupes. Con estas sencillas tablas conseguirás unas caderas torneadas y unos muslos afinados más deprisa de lo que crees.

Razones de peso

Además de mejorar el aspecto físico, el fortalecer y tonificar las caderas y los muslos reporta múltiples beneficios. Mejora la postura y el equilibrio y aumenta la flexibilidad, de manera que el cuerpo se mantiene en plena forma con el paso de los años. Además, estos ejercicios te ayudarán a mantener la figura, puesto que los músculos queman más calorías que grasa.

Ejercicio matutino

Mucha gente reserva las primeras horas de la mañana al ejercicio, después de un sueño reparador. Es entonces cuando el cuerpo se muestra más receptivo al movimiento físico,

puesto que al realizarse con el estómago vacío recurre a las reservas de grasa. Además, de esta forma el metabolismo se activa a primera hora y eso te permite quemar calorías durante todo el día.

Cuestión de espacio

Elige un lugar cálido y bien ventilado. Lo ideal es que haya espacio suficiente para dar al menos cinco pasos en todas direcciones. Cuando realices ejercicios en el suelo, apoya el cuerpo en una esterilla de caucho. Si es posible, haz las tablas delante de un espejo de cuerpo entero para ir controlando tus movimientos.

Indumentaria

Ponte varias prendas de ropa superpuestas para calentar los músculos al empezar y quítatelas a medida que entres en calor. Viste prendas holgadas y ligeras de tejidos transpirables. Un atuendo ideal sería, por ejemplo, un pantalón de chándal amplio y una sudadera, con unos pantalones cortos y una camiseta debajo.

Cómo utilizar este libro

La clave para conseguir unos muslos y unas caderas tonificados es hacer un poco de ejercicio de manera constante. Este libro incluye una serie de ejercicios sencillos agrupados en programas de seis minutos para que puedas compatibilizarlos con tu ajetreada vida diaria. En las últimas páginas encontrarás un plan quincenal con los ejercicios agrupados por días, aunque también puedes combinarlos a tu gusto para que te resulten más variados. Aunque los músculos no se tonifican de la noche a la mañana, con constancia y sólo seis minutos al día de dedicación obtendrás resultados sorprendentes sin que te resulte aburrido ni pesado.

TU CUERPO Y TÚ

Antes de empezar un programa de ejercicios te será de gran ayuda comprender las nociones básicas del funcionamiento del cuerpo y el porqué de mantener una postura adecuada. Al tomar conciencia de los músculos es más fácil centrarse en las zonas que deseas reafirmar.

Cómo se mueve el cuerpo

El esqueleto humano está formado por más de 200 huesos que sostienen el cuerpo y facilitan el movimiento. Los músculos de los extremos de los huesos permiten todo tipo de movimientos, pero las articulaciones y los músculos que no se ejercitan habitualmente se quedan rígidos e inmóviles, lo que puede provocar dolor y posibles lesiones.

Los músculos están formados por millones de diminutos filamentos de proteínas que se relajan y contraen para generar movimiento. Muchos músculos están unidos a los huesos mediante tendones y se controlan conscientemente por el cerebro. El movimiento se genera cuando los músculos tiran de los tendones, que mueven los huesos a través de las articulaciones. Muchos movimientos requieren la intervención de varios grupos musculares. En este libro trabajarás los músculos descritos a pie de página.

La importancia de la postura

Una postura correcta es el resultado de mantener la curva natural de la columna en lugar de arquearla. Si es incorrecta, los movimientos serán ineficaces y causarán fatiga, debilidad, dolor en articulaciones y músculos, y mayor riesgo de lesiones. Para comprobar la postura, apóyate en una sola pierna e intenta mantener el equilibrio sin tambalearte. La tonificación de caderas y muslos mejora naturalmente la postura, ya que estos músculos equilibran la zona de las caderas.

Parte posterior del cuerpo

GLÚTEOS: comprenden el glúteo mayor (el músculo más grande del cuerpo), el medio y el mínimo. Mantienen la pelvis en su sitio, y estabilizan y equilibran las caderas. Estos músculos mantienen el cuerpo en posición vertical y controlan el movimiento de las piernas al caminar. Para evitar la flacidez no hay nada como pasar el menos tiempo posible sentados.
MÚSCULOS ISQUIOTIBIALES: tres músculos largos que hay debajo de los glúteos y van desde la parte posterior de la cadera hasta la parte posterior de la rodilla. Su acción conjunta con el glúteo mayor permite doblar las rodillas y rotar las caderas.

Parte frontal del cuerpo

FLEXORES DE LA CADERA: grupo de músculos que van desde las caderas hasta la columna y de varios puntos hasta todo el fémur. Incluyen los aductores (músculos del interior del muslo) y los abductores (músculos del exterior del muslo). Trabajan en oposición a los músculos de los glúteos, permitiendo mover las caderas y levantar los muslos y las rodillas.
CUÁDRICEPS: cuatro músculos que recorren la parte anterior del muslo y permiten extender las piernas y doblar las caderas.

Antes de empezar

El calentamiento es sumamente importante para evitar lesiones en los músculos, tendones y ligamentos. Recuerda que las tablas de ejercicios de seis minutos no incluyen el calentamiento previo a cada sesión, que puede consistir en unos minutos de marcha estática y algunos estiramientos.

Enfriar el cuerpo después del ejercicio es tan importante como calentarlo antes de empezar. Además de evitar mareos y bajadas bruscas de la temperatura corporal, el enfriamiento hace que los músculos que se han ejercitado vayan recuperando la posición normal para evitar contracturas.

Repeticiones y series

Los ejercicios para tonificar los músculos se realizan en series de repeticiones. Una repetición equivale a un ejercicio. Una serie es un grupo de repeticiones, en general de seis a 12. Para ganar fuerza y resistencia deberás realizar un mismo ejercicio varias veces. El objetivo es trabajar hasta que los músculos estén cansados para que se fortalezcan con el tiempo y puedan seguir realizando los ejercicios durante más tiempo. No dejes pasar más de un minuto entre un ejercicio y el otro. Cuanto más cortos son los periodos de recuperación, más fortalecidos quedan los músculos y más resistencia se gana. ¡No te rindas!

Respiración

Para respirar de la forma adecuada cuando realices los ejercicios, inspira lentamente por la nariz (debes notar que la cavidad abdominal sube al hacerlo) y espira lentamente por la boca. Si se trata de un ejercicio largo, inspira y espira de forma regular. Evita contener la respiración, de lo contrario aumentaría la presión arterial, lo que podría resultar peligroso.

La dieta ayuda

Para afinar los muslos y las caderas se recomienda combinar las tablas de ejercicios con una dieta baja en calorías.

- **Retira la grasa visible de la carne.**
- **Recurre a la cocción al vapor o a la parrilla en lugar de hervir o freír los alimentos.**
- **Consume hidratos de carbono de liberación lenta como pasta, arroz y cereales integrales.**
- **Consume fruta y hortalizas en abundancia.**
- **Bebe mucha agua para eliminar las toxinas del cuerpo y evitar el aspecto acolchado de los muslos.**
- **Prescinde de la sal para evitar retener líquidos.**

CALENTAMIENTO

Cuando están fríos, los músculos son menos flexibles y más propensos a las torceduras, por lo que es necesario realizar ejercicios de calentamiento antes de los ejercicios. Estas páginas sugieren algunas prácticas para calentar los músculos de las caderas y los muslos que pueden adaptarse a las necesidades de cada una. Recuerda realizar algunos estiramientos después de calentar los músculos.

3

Marcha

Este ejercicio de calentamiento aumenta la temperatura corporal y favorece la llegada del flujo sanguíneo a los músculos. Sobre la esterilla, mueve los brazos y levanta las rodillas, cada vez más alto, durante un minuto como mínimo. Respira profunda y regularmente mientras realizas el movimiento.

Círculos con la cadera

Este ejercicio activa los músculos pélvicos. Gira únicamente la pelvis, no el torso.

1 Colócate de pie, con las rodillas algo flexionadas, los pies ligeramente separados (alineados con las caderas) y las manos apoyadas a ambos lados.

2 Contrae los músculos abdominales haciendo fuerza con el ombligo hacia dentro muy suavemente, sin meter cintura ni contener la respiración.

3 Gira lentamente la pelvis a la izquierda hasta formar un círculo completo.

4 Repite nueve veces el giro a la izquierda y luego realiza 10 giros a la derecha.

Flexiones de rodilla

Este ejercicio destensa los flexores de la cadera y calienta los músculos de las piernas. Flexiona las rodillas de manera que te sientas cómoda, sin bloquearlas.

1 Colócate de pie, con una mano apoyada en una silla de respaldo alto o una mesa, separa ligeramente los pies (alineados con las caderas) y gíralos un poco hacia fuera. Contrae los músculos abdominales.

2 Dobla lentamente las rodillas, baja las caderas, y luego estira las rodillas de nuevo. Realiza los movimientos con los músculos de los glúteos y las piernas.

3 Repite nueve veces el ejercicio.

ATENCIÓN
Para evitar lesionarte las rodillas, gira siempre los pies un poco hacia fuera.

Balanceo de pierna

Este ejercicio calienta las articulaciones de la cadera. No levantes las piernas demasiado (con 45 grados es suficiente) e intenta realizar movimientos controlados y armoniosos.

1 De pie, con una mano apoyada en un soporte como una silla de respaldo alto o una mesa, balancea una pierna hacia delante y hacia atrás con la rodilla algo flexionada. Contrae los músculos abdominales para proteger la espalda.

2 Balancea la otra pierna hacia delante y hacia atrás sin mover la cadera. Realiza 20 balanceos con una pierna, apóyala en el suelo y realiza 20 con la otra.

CALENTAMIENTO

Elevación de rodilla

Este ejercicio moviliza los cuádriceps y los flexores de la cadera.

1 Colócate de pie, con la mano izquierda apoyada en una silla para mantener el equilibrio.

2 Contrae los músculos abdominales.

3 Levanta la rodilla derecha de modo que el pie quede paralelo a la rodilla izquierda.

4 Vuelve a la posición inicial y repite el ejercicio con la otra pierna.

5 Repite el ejercicio nueve veces más con cada pierna.

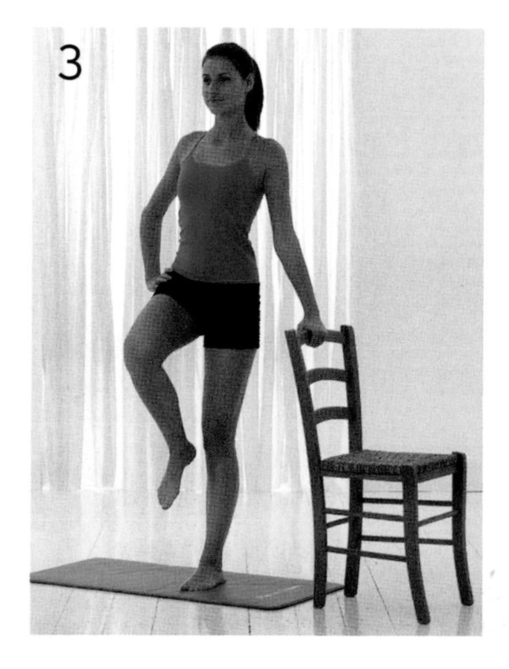

Círculos con las piernas

Este ejercicio eleva y contrae los músculos de los glúteos para calentarlos.

1 Colócate de pie, en una postura correcta, con las rodillas ligeramente flexionadas y las piernas un poco separadas (alineadas con las caderas). Apóyate en una silla.

2 Contrae los músculos abdominales metiendo el ombligo hacia dentro.

3 Levanta la pierna izquierda unos centímetros del suelo y dibuja un círculo en una dirección y luego en la otra.

4 Vuelve a la posición inicial y repite el ejercicio con la otra pierna.

5 Repite nueve veces con cada pierna.

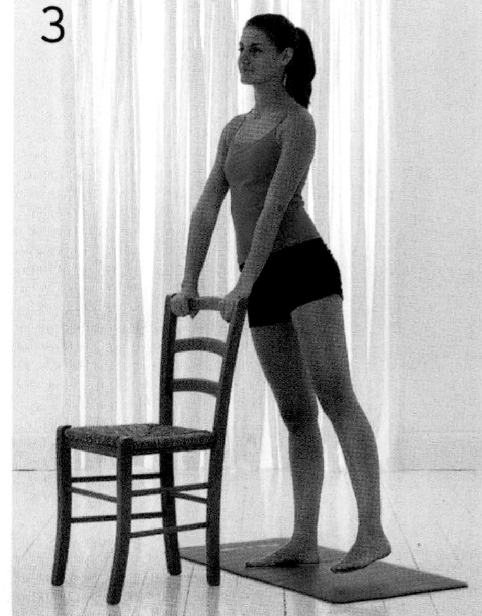

Estiramiento de cuádriceps (parte anterior del muslo)

1 Colócate de pie con los pies separados (alineados con las caderas) y flexiona un poco las rodillas. Contrae los músculos abdominales.

2 Dobla una pierna por detrás y sujeta el pie o el tobillo con la mano.

3 Cuenta hasta 5-10, vuelve a la posición inicial y repite con la otra pierna.

4 Repite dos veces más con cada pierna.

Estiramiento de isquiotibiales (parte posterior del muslo)

1 Colócate de pie con los pies separados (alineados con las caderas) y flexiona un poco las rodillas.

2 Estira un pie hacia delante apoyándote en el talón. Contrae los músculos abdominales para proteger la espalda.

3 Apoya las manos sobre el muslo de la rodilla flexionada para que descanse el peso del cuerpo.

4 Flexiona el cuerpo desde la cadera y notarás que se estira la parte posterior del muslo de la pierna estirada.

5 Cuenta hasta 5-10, vuelve a la posición original y repite con la otra pierna.

6 Repite dos veces más con cada pierna.

Control mental

Para obtener el máximo rendimiento de los ejercicios utiliza tu mente. Concéntrate en lo que haces bien. Durante la sesión, convéncete de lo bien que realizas los ejercicios. Piensa en cómo se contraen y se estiran los músculos que estás trabajando. De esta forma harás los ejercicios mejor, puesto que concentrarse en los errores induce a equivocarse. Incluso puedes visualizar el efecto benéfico que produce el ejercicio en tu cuerpo, que estará cada vez más armonioso y tonificado.

POSTURA CORRECTA

Estos sencillos ejercicios te ayudarán a mejorar la postura. Realiza movimientos suaves y armoniosos en todo momento.

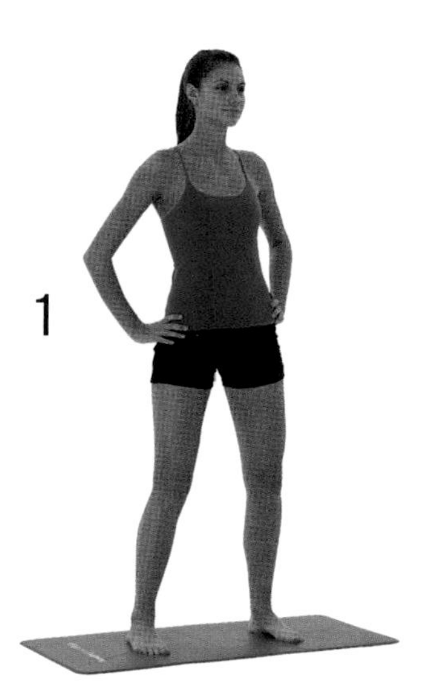
1

4

Inclinación de la pelvis

Este sencillo ejercicio incide en los extensores de la cadera (glúteo mayor) y es esencial para adoptar una postura correcta.

1 Colócate de pie con los pies separados (alineados con las caderas) y flexiona un poco las rodillas. Apoya las manos en la parte superior de las caderas.

2 Contrae los músculos abdominales evitando meter cintura o contener la respiración.

3 Inclina suavemente la pelvis hacia delante y vuelve a la posición inicial. El movimiento debe realizarse con los glúteos.

4 Inclina la pelvis hacia atrás y vuelve a la posición inicial.

Arriba y abajo

Este ejercicio es excelente para reforzar los cuádriceps y mejorar la alineación del cuerpo. Necesitarás dos pelotas de tenis, por ejemplo.

1 Colócate de pie detrás de una silla y aprieta una pelota de tenis entre los tobillos. Sujeta la otra pelota entre los muslos, por encima de las rodillas. Agárrate a la silla para mantener el equilibrio.

2 Ponte lentamente de puntillas manteniendo la postura correcta.

3 Baja lentamente. Al apoyar los talones en el suelo, flexiona un poco las rodillas sin despegarlos.

4 Vuelve a la posición inicial.

Las claves de una postura correcta

Una postura correcta se ve relajada y natural, no tensa y encorvada. Ponte de pie con los pies ligeramente separados (alineados con las caderas) y las piernas rectas pero con las rodillas algo flexionadas. Estira la columna, contrae los músculos abdominales y mantente erguida. Relaja los hombros de manera que el cuello se vea lo más estilizado posible, y asegúrate de que el peso se reparte uniformemente entre ambos pies.

ATENCIÓN

Al flexionar las rodillas, evita inclinarte hacia adelante o hacia atrás.

3

2

DE PIE

Las sentadillas son el ejercicio por excelencia para trabajar muslos y caderas. Ejercitan los extensores de la cadera, los músculos isquiotibiales (parte posterior de los muslos) y los cuádriceps (parte anterior). Unos cuádriceps e isquiotibiales tensos provocan malas posturas y dolor lumbar, de ahí la importancia de mantenerlos siempre en forma.

Sentadilla básica

Centrado en los glúteos y la parte superior de los muslos, este sencillo ejercicio es perfecto para tonificar las zonas problemáticas. Recuerda mantener las rodillas un poco flexionadas durante todo el ejercicio.

1 Colócate de pie en una postura correcta, con los pies separados (alineados con las caderas) y las manos apoyadas en las caderas.

2 Contrae los músculos abdominales empujando el ombligo hacia dentro.

3 Flexiona las rodillas y agáchate como si fueras a sentarte, pero sin forzar demasiado el cuerpo ni perder el equilibrio.

4 Vuelve a la posición inicial empujándote con los talones y sin dejar de flexionar las rodillas.

3

Sentadilla abierta

Este ejercicio es ideal para tonificar los músculos de la cara interna de los muslos y la parte anterior y posterior de los mismos. Intenta mantener el equilibrio.

1 Colócate de pie en una postura correcta, separa bien los pies y gíralos hacia fuera. Apoya las manos en las caderas.

2 Contrae los músculos abdominales haciendo fuerza con el ombligo hacia dentro.

3 Flexiona las rodillas y agáchate como si fueras a sentarte.

4 Baja todo lo que puedas sin perder el equilibrio. Vuelve a ponerte de pie impulsándote con los talones y sin dejar de mantener flexionadas las rodillas.

Sentadilla sobre una pierna

Estas sentadillas, algo más duras, ponen a prueba el equilibrio, además de ejercitar los músculos de caderas y muslos.

1 Colócate de pie con los pies juntos y los brazos a los lados del cuerpo, y descansa el peso en el pie derecho. Apoya los dedos del pie izquierdo junto al derecho para no perder el equilibrio.

2 Con la espalda recta, flexiona las caderas y las rodillas, apoyando lentamente el peso sobre la pierna derecha y estirando los brazos hacia delante a medida que bajas. Continúa bajando hasta donde puedas. Detente y cuenta hasta dos.

3 Impulsándote con el pie derecho y los talones, empieza a levantarte de nuevo.

4 Repite el ejercicio apoyando el peso en el pie izquierdo.

ATENCIÓN

Contrae los abdominales para realizar estos ejercicios.

Las estocadas trabajan los extensores de la cadera, los cuádriceps y los isquiotibiales, por lo que son ideales para reafirmar caderas y muslos, además de ser beneficiosas para mejorar el equilibrio. Cuando estés habituada a estos ejercicios, practícalos con unas mancuernas en las manos para aumentar el esfuerzo. Si dispones de espacio suficiente, prueba también a hacer las estocadas andando.

Estocada básica

Este fantástico tonificador de caderas y muslos es muy versátil porque puede practicarse con una frecuencia cada vez mayor. Mantén la espalda recta en todo momento y realiza movimientos suaves y armoniosos.

1 Colócate de pie en una postura correcta, y apoya las manos en las caderas. Contrae los músculos abdominales haciendo fuerza con el ombligo hacia dentro, y tensa los glúteos.

2 Da un paso largo hacia delante. La otra pierna debe quedar extendida y un poco flexionada por la rodilla, con el talón levantado del suelo. La rodilla de la pierna de delante debe quedar a la altura del tobillo.

3 Baja la parte inferior del cuerpo hasta donde puedas. Cuenta hasta dos.

4 Impulsa el cuerpo hasta la posición inicial con la pierna de delante. Realiza varias repeticiones con una pierna y haz lo mismo con la otra.

ATENCIÓN

Evita las estocadas demasiado exageradas. Si la rodilla sobrepasa la línea del final de los dedos del pie ejercerás demasiada presión en la articulación.

Estocada con step

Esta variante de la estocada básica da muy buenos resultados para esculpir muslos y glúteos y lucir un aspecto más estilizado.

1 Colócate de pie en una postura correcta y apoya las manos en las caderas. Contrae los músculos abdominales para proteger la espalda y tensa los glúteos.

2 Da un paso largo y apoya el pie en un step de entre 15 y 30 cm. La otra pierna debe quedar extendida y un poco flexionada por la rodilla, con el talón levantado del suelo. La rodilla de la pierna de delante debe quedar a la altura del tobillo.

3 Baja la parte inferior del cuerpo hasta donde puedas.

4 Impulsa el cuerpo hasta la posición inicial con la pierna de delante. Realiza varias repeticiones con una pierna y haz lo mismo con la otra.

ATENCIÓN

Evita inclinar el torso hacia delante para no forzar la espalda ni perder el equilibrio.

3

2

SENTADA

Aunque pases la mayor parte del día sentada en la oficina o viajando, no dejes pasar la oportunidad de tonificar los músculos de caderas y rodillas de una forma rápida y sencilla. Tan sólo necesitas una silla con el respaldo recto (una de ruedas no sirve).

Extensión de piernas

Este sencillo ejercicio va muy bien para tonificar los cuádriceps, los músculos de la parte anterior de los muslos. Para un mayor esfuerzo, ponte unos pesos en los tobillos.

1 Siéntate en una postura correcta y contrae los músculos abdominales haciendo fuerza con el ombligo para proteger los músculos de la espalda.

2 Junta las rodillas y estira una pierna. Mantenla en alto unos segundos y vuelve a la posición inicial. Realiza varias repeticiones con una pierna y haz lo mismo con la otra.

Un poco de esfuerzo

Para tonificar el cuerpo es importante trabajar a la intensidad adecuada. Si te esfuerzas poco no notarás la diferencia, mientras que si fuerzas el cuerpo en exceso podrías lesionarte. En las últimas repeticiones los músculos empezarán a cansarse y puede que notes una sensación de calor intenso, pero se trata de algo normal que pasará una vez descanses un poco. Al principio quizá experimentes dolor y rigidez musculares, pero si apenas puedes moverte significa que has forzado demasiado el cuerpo. Descansa un par de días y vuelve a empezar a una intensidad menor.

Aductores con cojín

Este ejercicio tonifica y fortalece la cara interior de los muslos. Para un mayor esfuerzo, aumenta la duración de la compresión y utiliza algo que ofrezca más resistencia, como una pelota a medio inflar.

3

1 Sentada en una silla con la espalda recta, flexiona las rodillas y junta los pies.

2 Ponte un cojín entre las rodillas.

3 Apriétalo lo más fuerte que puedas, cuenta hasta cinco y relaja los músculos.

EN EL SUELO

Además de fortalecer los glúteos, estos ejercicios estabilizan la pelvis y los músculos del tronco y trabajan los isquiotibiales. Evita arquear o hundir la espalda en exceso y no olvides respirar de forma constante y controlada.

Puente

Deberás dominar este ejercicio para mejorar la estabilidad de los músculos del tronco antes de realizar movimientos más complejos.

1 Tumbada de espaldas con las rodillas flexionadas, apoya los pies en el suelo y sepáralos un poco. Pon los brazos a los lados con las palmas hacia abajo.

2 Contrae los músculos abdominales haciendo fuerza con el ombligo hacia dentro para proteger los músculos de la espalda.

3 Presiona la zona lumbar contra el suelo e inclina lentamente la pelvis hacia delante para elevar el hueso púbico.

4 Levanta la pelvis con los músculos de las caderas, los muslos y el tronco hasta que el cuerpo forme una línea recta de los hombros a las rodillas. Cuenta hasta cinco y vuelve a la posición inicial.

Puente contrayendo glúteos

Este ejercicio trabaja el glúteo mayor para ejercer de apoyo a la espalda. Si notas una fuerte contracción en los isquiotibiales o tensión en la zona lumbar significa que no utilizas los músculos de los glúteos como es debido.

1 Túmbate de espaldas con las rodillas flexionadas y separa un poco los pies.

2 Contrae los músculos abdominales haciendo fuerza con el ombligo hacia dentro para proteger los músculos de la espalda.

3 Despega los glúteos del suelo, levantando la pelvis hasta que las rodillas, las caderas y el pecho formen una línea recta.

4 Cuenta hasta 10 contrayendo los glúteos para mantener la postura del puente.

5 Vuelve a la posición inicial y repite el ejercicio.

Tipos de movimiento

En este libro encontrarás los siguientes términos:
ABDUCCIÓN: desplazamiento del centro del cuerpo, por ejemplo al levantar una pierna en horizontal en las elevaciones laterales.
ADUCCIÓN: desplazamiento hacia el centro del cuerpo, por ejemplo al bajar la pierna en horizontal en las elevaciones laterales.
EXTENSIÓN: posición recta de una extremidad o la columna.
FLEXIÓN: inclinación de una extremidad o la columna.
ROTACIÓN: giro del cuerpo alrededor de su eje.

EN EL SUELO

Puente con pierna extendida

Al levantar una pierna se fortalecen los músculos de la parte posterior de los glúteos y los muslos, además de aumentar el equilibrio y el control de los músculos estabilizadores.

1 Túmbate de espaldas con las rodillas flexionadas, los pies algo separados y los brazos a los lados con las palmas hacia abajo.

2 Contrae los músculos abdominales haciendo fuerza con el ombligo hacia dentro.

3 Despega los glúteos del suelo, levantando la pelvis hasta que las rodillas, las caderas y el pecho formen una línea recta.

4 Extiende una pierna, levántala a la altura de la otra rodilla y bájala de nuevo. Realiza varias repeticiones con una pierna y haz lo mismo con la otra.

Para un mayor esfuerzo, levanta la pierna extendida en dirección al techo, dóblala acercando la rodilla al pecho y vuelve a la posición inicial. También puedes utilizar unos pesos para los tobillos.

Control del movimiento

Realiza todos los ejercicios lenta y cuidadosamente, prestando mucha atención a tus movimientos. Concéntrate y visualiza la respuesta del cuerpo al movimiento. Si realizas un ejercicio demasiado deprisa o sientes dolor, significa que no lo haces como es debido. Los movimientos deben realizarse de una forma suave y controlada para que los músculos se estiren de forma natural.

4

Glúteos con pierna cruzada

Este ejercicio más intensivo es muy eficaz para trabajar a fondo los glúteos.

1 Túmbate de espaldas con las rodillas flexionadas, los pies algo separados y los brazos a los lados con las palmas hacia abajo.

2 Cruza la pierna izquierda apoyando el pie en la rodilla derecha.

3 Contrae los músculos abdominales para proteger la espalda.

4 Presiona la zona lumbar contra el suelo e inclina lentamente la pelvis hacia delante para elevar el hueso púbico. Levanta las caderas del suelo y contrae los glúteos. Vuelve a la posición inicial.

5 Realiza varias repeticiones y haz lo mismo con la otra pierna.

Avance sobre glúteos

Este ejercicio es excelente para reducir el trasero y fortalecer sus músculos. Es mejor hacerlo directamente en el suelo porque las superficies rígidas oponen más resistencia, pero ten cuidado con las rozaduras en alfombras o las astillas de los suelos de madera.

1 Siéntate en el suelo con la espalda recta y las piernas estiradas hacia delante. Cruza los brazos de manera que las manos se apoyen en los hombros.

2 Inspira y estira la columna. Espira y respira normalmente mientras «avanzas» con los glúteos 10 pasos hacia delante y 10 hacia atrás. Realiza esta repetición tantas veces como puedas.

ATENCIÓN

Procura no arquear la espalda.

DE PIE 2

Además de ejercitar los músculos de la cadera y los muslos, estas elevaciones de pierna mejoran el equilibrio. Realiza estos ejercicios apoyada en una mesa o en el respaldo de una silla. Los movimientos deben ser suaves y armoniosos, sin forzar ninguna parte del cuerpo.

Elevación lateral

Este ejercicio tonifica y fortalece los músculos externos de los muslos y las caderas, además de mejorar el equilibrio.

1 Colócate de pie en una postura correcta, con las manos a los lados y los pies juntos, y apóyate en el respaldo de una silla con las manos para mantener el equilibrio.

2 Contrae los músculos abdominales haciendo fuerza hacia dentro para proteger los músculos de la espalda.

3 Levanta una pierna lateralmente en un ángulo de unos 45 grados. Mantén los dedos de los pies estirados hacia fuera y cuenta hasta tres. Vuelve a la posición inicial, realiza varias repeticiones y haz lo mismo con la otra pierna.

ATENCIÓN

Mantén la espalda recta y las rodillas ligeramente flexionadas.

Elevación hacia delante

Este ejercicio fortalece y tonifica la cara anterior de los muslos (cuádriceps) y aumenta la flexibilidad de las caderas. Además, mejora el equilibrio.

2

1 Colócate de pie con la espalda recta y los pies juntos, apoya la mano izquierda en el respaldo de una silla de lado para mantener el equilibrio. Contrae los músculos abdominales.

2 Con la pierna izquierda algo flexionada, estira la derecha hacia delante sin forzar el cuerpo.

3 Cuenta hasta tres.

4 Vuelve a la posición inicial, realiza varias repeticiones con la misma pierna y haz lo mismo con la otra.

3

Elevación hacia atrás

Este ejercicio fortalece y tonifica los glúteos, la zona lumbar, la parte posterior de las caderas y los músculos isquiotibiales, además de mejorar el equilibrio. Para mejores resultados, contrae los glúteos durante todo el ejercicio; cuesta más pero a la larga compensa.

1 Colócate de pie con la espalda recta y los pies juntos, apoya la mano derecha en el respaldo de una silla de lado para mantener el equilibrio.

2 Contrae los músculos abdominales para proteger la espalda y aprieta los glúteos.

3 Estira la pierna izquierda hacia atrás y toca el suelo de puntillas. Cuenta hasta tres y vuelve a la posición inicial. Realiza varias repeticiones y haz lo mismo con la otra pierna.

DE PIE 2

Estos ejercicios de danza clásica trabajan intensivamente las piernas y los glúteos. Los movimientos tienen que ser controlados y fluidos.

Flexión de rodilla doble

Este ejercicio, que fortalece muslos, pantorrillas y glúteos, modelará tus piernas como las de una bailarina.

1 Colócate de pie con las piernas separadas sobrepasando la línea de los hombros y los pies hacia fuera. Apoya las manos en el respaldo de una silla para mantener el equilibrio.

2 Contrae los músculos abdominales para proteger la zona lumbar.

3 Flexiona las rodillas hacia fuera y baja lentamente. El esfuerzo debe notarse en los glúteos y la parte posterior de los muslos.

4 Ponte de nuevo de pie, tensa los glúteos, aprieta los músculos de la cara interna de los muslos y ponte de puntillas.

5 Vuelve a la posición inicial.

Flexión de rodilla

Este ejercicio fortalece glúteos, muslos y pantorrillas.

1 Colócate de pie en una postura correcta y apoya la mano derecha en el respaldo de una silla para mantener el equilibrio. Dobla la pierna derecha hacia atrás de manera que el muslo y la pantorrilla formen un ángulo recto y el pie apunte hacia fuera.

ATENCIÓN
Asegúrate de no sacar el trasero hacia fuera.

2 Contrae los músculos abdominales para proteger la espalda.

3 Levántate de puntillas con el pie izquierdo y cuenta hasta dos.

4 Baja lentamente apoyándote sobre el mismo pie.

5 Flexiona la rodilla izquierda de manera que la rótula quede a la altura del pie.

6 Levántate y repite el ejercicio cinco veces más con la misma pierna y haz lo mismo con la otra.

Control de calidad

Concéntrate en perfeccionar tu técnica, lo que cuenta es la calidad de los movimientos. Mantén la columna recta y contrae los músculos abdominales en todo momento.

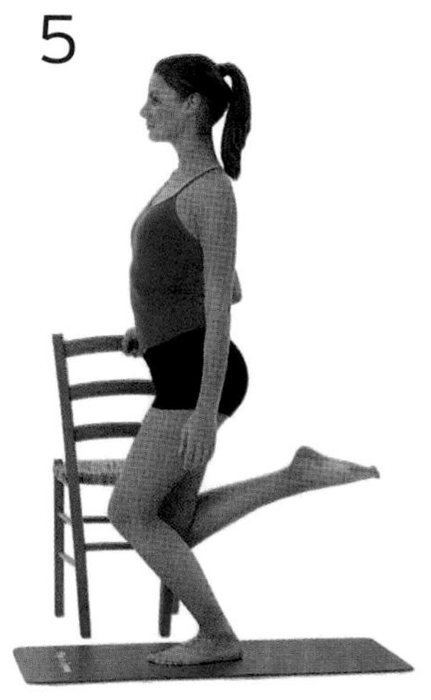

EN EL SUELO 2

Prueba estos ejercicios de suelo para trabajar muslos y caderas. Recuerda realizar movimientos suaves y armoniosos en todo momento, y respirar de una forma constante.

Patadas laterales

Este ejercicio trabaja las caderas, los glúteos y los músculos de las piernas.

1 Tumbada sobre el lado izquierdo, dobla la pierna izquierda por detrás de ti. Apoya la cabeza en la mano izquierda y la mano derecha en el suelo.

2 Contrae los músculos abdominales para proteger la espalda y mantener la columna en posición neutra.

3 Levanta lentamente la rodilla derecha a la altura de la cadera y estira la pierna con la rodilla algo flexionada.

4 Baja de nuevo la pierna.

5 Realiza varias repeticiones con una pierna y haz lo mismo con la otra.

Piernas en «V»

Muy eficaz para tonificar y modelar la cara interna de los muslos. No abras las piernas en exceso para evitar contracturas.

1 Tumbada de espaldas, levanta las piernas en línea recta.

2 Mantén la columna en posición neutra y contrae los músculos abdominales.

3 Desplaza las piernas a los lados hasta formar una «V». Debes notar que los músculos de la cara interna de los muslos se estiran.

4 Junta de nuevo las piernas en lo alto y vuelve a la posición inicial.

ATENCIÓN

Mantén la columna en la posición correcta en todo momento. Si la pelvis y la columna están demasiado tensas contra el suelo o arqueadas podrías presionar en exceso la zona lumbar y desencadenar un desequilibrio muscular.

3

Tijera

Este ejercicio es excelente para tonificar la cara interna de los muslos y los músculos abdominales.

1 Tumbada de espaldas, levanta las piernas en línea recta.

2 Mantén la columna en posición neutra y contrae los músculos abdominales para proteger la espalda.

3 Forma una «V» con las piernas y, con un movimiento suave y continuo, cruza la izquierda por delante de la derecha y luego cambia de lado como si fueran las hojas de una tijera.

EN EL SUELO 2

Los ejercicios que se realizan boca abajo trabajan más los músculos porque se desafía la fuerza de la gravedad. Realiza movimientos suaves y controlados, evitando hundir o arquear la espalda.

Elevación de pierna

Esta elevación lateral ejercita los músculos de la cara externa de los muslos (abductores de cadera).

1 Para empezar, arrodíllate en la postura de la «caja» (a cuatro patas) y mantén la espalda recta. Contrae los músculos abdominales para proteger la espalda.

2 Levanta lateralmente la pierna derecha; notarás que trabajas los músculos laterales de muslos y caderas. Cuenta hasta dos.

3 Baja lentamente la pierna hasta la posición inicial. Realiza varias repeticiones y haz lo mismo con la otra pierna.

No hagas ejercicio si...

- Te sientes mal; el cuerpo necesitará toda su fuerza para combatir las posibles infecciones.
- Estás lesionada; podrías empeorar las cosas.
- Padeces alguna enfermedad o te medicas; consulta primero con el médico.
- Has comido en abundancia.
- Has tomado alcohol.

1

2

4

Extensión de pierna

Este ejercicio trabaja los extensores de la cadera. Para aumentar la intensidad, endereza la pierna extendida (pero mantén la rodilla algo flexionada).

1 Adopta la postura de la caja y mantén la espalda recta.

2 Contrae los músculos abdominales para proteger la espalda. Tensa los glúteos.

3 Levanta la pierna derecha hacia atrás con la rodilla flexionada y el muslo en paralelo con el suelo.

4 Levanta lentamente el muslo unos 5 cm y bájalo de nuevo. Baja la pierna hasta el suelo, realiza varias repeticiones y haz lo mismo con la otra.

ATENCIÓN

No des patadas con demasiada fuerza para no ganar velocidad, de lo contrario ejercerías demasiada presión en los músculos de la zona lumbar.

Patadas hacia atrás

Este ejercicio trabaja los cuádriceps.

1 Adopta la postura de la caja y contrae los músculos abdominales para proteger la espalda.

2 Levanta la pierna derecha del suelo y, con la rodilla flexionada, acércala al cuerpo y luego extiéndela hacia atrás de manera que quede en línea recta con la espalda y el pie esté flexionado.

3 Acerca la pierna de nuevo hasta la posición inicial. Realiza varias repeticiones con la misma pierna y haz lo mismo con la otra.

2

3

EN EL SUELO 2

Estos ejercicios trabajan los músculos abductores laterales de los muslos. Recuerda mantener la espalda recta y las caderas hacia delante, y respira de una forma constante todo el tiempo.

Elevación lateral

Realiza los movimientos de una forma lenta y controlada para ejercitar correctamente los músculos. No es necesario tensar los glúteos, pero es recomendable trabajarlos siempre que puedas.

1 Túmbate sobre el lado derecho de manera que el cuerpo quede en línea recta con los muslos y junta los pies. Apoya la cabeza en la mano derecha y pon la mano izquierda por delante. Contrae los músculos abdominales haciendo fuerza con el ombligo hacia dentro para proteger la espalda.

ATENCIÓN
Flexiona ligeramente la rodilla de la pierna extendida.

2 Flexiona ambas rodillas.

3 Levanta la pierna izquierda y luego bájala apretando los glúteos mientras realizas este movimiento.

4 Realiza varias repeticiones con este lado del cuerpo y haz lo mismo con el otro lado.

Elevación con pierna extendida

1 Túmbate sobre el lado derecho con la pierna de abajo doblada y la de arriba recta pero un poco flexionada. El cuerpo debe quedar en línea recta y los muslos y las rodillas, juntos. Apoya la cabeza en la mano derecha y pon la mano izquierda por delante. Contrae los músculos abdominales para proteger la espalda.

2 Levanta la pierna izquierda y luego bájala apretando los glúteos mientras realizas este movimiento. Si adoptas la postura adecuada deberías poder levantarla en un ángulo de más de 45 grados.

3 Realiza varias repeticiones con este lado del cuerpo y haz lo mismo con el otro lado.

Cuestión de motivación

Con frecuencia empezamos a hacer ejercicio con mucho entusiasmo pero rápidamente perdemos todo el interés y terminamos por apalancarnos. Cuando empieces el programa de tonificación, sé realista sobre el lugar y los días en los que puedes llevarlo a cabo. Como necesitas reservar seis minutos al día, convierte la tabla de ejercicios en una parte más de tu rutina diaria. Aunque pierdas varios días de práctica, no te desanimes ni tires la toalla. Un poco de ejercicio de forma irregular siempre es mejor que nada.

EN EL SUELO 2

Estos ejercicios trabajan los músculos de la cara interna de los muslos (aductores). Recuerda mantener la columna en posición neutra y contraer los músculos abdominales.

Cruce apoyando la rodilla

1 Túmbate de lado con las caderas mirando hacia delante y el cuerpo en línea recta. Apoya la cabeza en la mano del brazo que toca el suelo y pon la otra mano por delante para mantener el equilibrio.

2 Contrae los músculos abdominales haciendo fuerza con el ombligo hacia dentro para proteger la espalda.

3 Flexiona la pierna de arriba de manera que la rodilla se apoye en el suelo por delante de ti.

4 Levanta la pierna de abajo, recta con la rodilla algo flexionada, y luego bájala.

5 Realiza varias repeticiones por este lado y haz lo mismo con el otro.

1

4

Cruce apoyando el pie

Este ejercicio, más intensivo, tonifica los músculos de la cara interna de los muslos.

1 Túmbate de lado con las caderas mirando hacia delante y el cuerpo en línea recta. Apoya la cabeza en la mano del brazo que toca el suelo y pon la otra mano por delante para mantener el equilibrio.

2 Contrae los músculos abdominales haciendo fuerza con el ombligo hacia dentro para proteger la espalda.

3 Flexiona la pierna de arriba y apoya la planta del pie en el suelo, justo por encima de la rodilla de la pierna extendida.

4 Levanta la pierna extendida del suelo todo lo que puedas y luego bájala.

5 Realiza varias repeticiones por este lado y haz lo mismo con el otro.

Constitución corporal

Todo el mundo posee una estructura ósea y una forma corporal que no pueden modificarse. Hay quienes están programados genéticamente para ser muy esbeltos (ectomorfos), otros tienen muchas curvas y tendencia a ganar peso (endomorfos) y otros un cuerpo atlético (mesomorfos). Antes de empezar una rutina de ejercicios es importante averiguar a qué grupo pertenecemos. Por ejemplo, si nuestra naturaleza es endomorfa, por mucho ejercicio y dieta que hagamos no lograremos tener un lánguido aspecto ectomorfo. Además, las mujeres tienden a acumular grasa en caderas y muslos para proteger los órganos reproductores hasta la menopausia, cuando empiezan a acumular reservas en el abdomen como los hombres.

ATENCIÓN

No levantes demasiado la pierna extendida: podrías forzar la extensión de los músculos.

ESTIRAMIENTOS

Los estiramientos alivian la tensión muscular generada por el ejercicio y relajan los músculos en toda su extensión. Esto garantiza la utilización de todos y cada uno de los músculos para que no queden semicontraídos. Con estos ejercicios ganarás flexibilidad y protegerás el cuerpo de las lesiones. Realízalos al final de la sesión, cuando los músculos estén bien ejercitados.

Estiramiento de glúteos

Con este ejercicio se estiran los glúteos y los músculos externos de los muslos.

1 Túmbate en el suelo con las piernas flexionadas. Cruza el tobillo derecho por encima de la rodilla izquierda y levanta la pierna izquierda del suelo. Notarás un estiramiento en la parte externa del muslo y el glúteo izquierdos.

2 Sujeta el muslo izquierdo con ambas manos y acerca lentamente la rodilla izquierda hacia ti. Notarás que se intensifica el estiramiento.

3 Cuenta hasta 10, vuelve a la posición inicial y repite el ejercicio con la otra pierna.

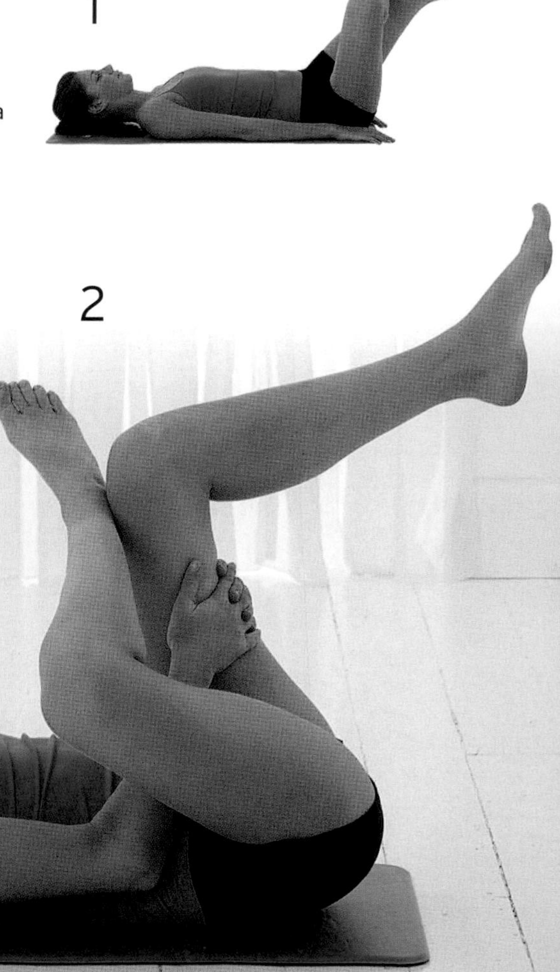

Estiramiento de cuádriceps

1 Túmbate boca abajo en el suelo. Flexiona una rodilla y agarra el pie de la misma pierna con la mano acercándolo al glúteo.

2 Presiona la cadera contra el suelo para estirar por completo el recto femoral (el músculo cuádriceps que cruza la articulación de la cadera).

3 Cuenta hasta 10, vuelve a la posición inicial y repite el estiramiento con la otra pierna.

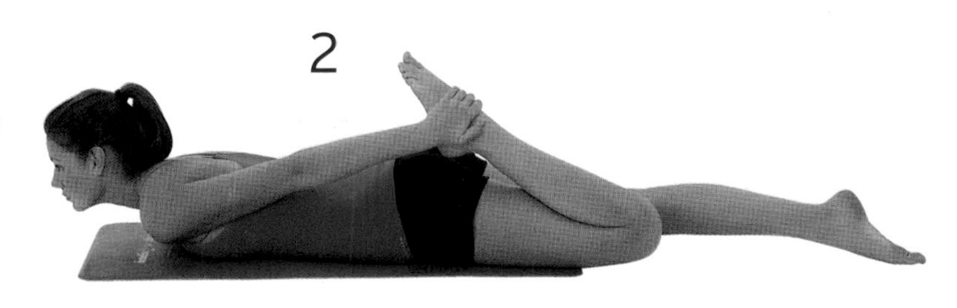
2

A tu ritmo

Es importante realizar los ejercicios con la intensidad adecuada a nuestras posibilidades y descansar un par de días si los músculos están doloridos. Al igual que el resto de los músculos del cuerpo, los de las caderas y los muslos necesitan descansar y recuperarse después del esfuerzo físico. Si no sueles practicar ejercicio habitualmente, al principio es mejor que realices las tablas en días alternos.

Estiramiento de isquiotibiales

1 Túmbate de espaldas con las rodillas flexionadas y los pies en el suelo.

2 Levanta una pierna y sujeta la parte posterior del muslo con las manos.

3 Acerca lentamente esta pierna al pecho lo máximo que puedas. Repite el ejercicio con la otra pierna.

3

ESTIRAMIENTOS

Estiramiento de aductores

Es muy importante estirar los músculos de la cara interna del muslo porque facilitan el movimiento de los cuádriceps y los flexores de cadera.

1 Siéntate en el suelo con las rodillas flexionadas, las plantas de los pies juntas y la espalda recta. Apoya las manos en la cara interna de los muslos, por encima de las rodillas.

2 Presiona con las manos para forzar las articulaciones de la cadera y estirar así los músculos internos de los muslos hasta donde puedas.

3 Cuenta hasta 20 y vuelve a la posición inicial.

Consejos para estirarse al máximo

- **Estira sólo los músculos previamente calentados.**
- **Realiza los movimientos con suavidad.**
- **Evita los rebotes al realizar los movimientos.**
- **No fuerces nunca el cuerpo; es normal que notes cierta molestia, pero si sientes dolor detente.**
- **No contengas la respiración, respira libremente para que la sangre llegue a los músculos.**

2

1

Estiramiento de abductores

1 Siéntate en el suelo con las piernas estiradas. Cruza la izquierda sobre la derecha de manera que la planta del pie izquierdo se apoye en el suelo.

2 Apoya la mano izquierda en el suelo por detrás con el brazo recto para aguantar el peso del tronco.

3 Con la mano derecha, presiona la rodilla izquierda hacia la derecha.

4 Cuenta hasta 10, sintiendo cómo se estira la parte superior de la zona de las caderas, y vuelve a la posición inicial. Repite con el otro lado.

5 Repite el ejercicio con la otra pierna.

Estiramiento de flexores de la cadera

Si te cuesta mantener la pierna recta, apoya la rodilla de la pierna estirada en el suelo.

1 Apoya la rodilla derecha en el suelo; la pierna izquierda debe quedar flexionada, con la planta del pie en el suelo.

2 Apoya las manos a ambos lados del pie izquierdo para mantener el equilibrio.

3 Levanta la rodilla derecha del suelo y estira la pierna derecha hacia atrás sin forzar la rodilla. Acerca la pelvis al suelo hasta que dejes de estar cómoda.

4 Cuenta hasta 10, vuelve a la posición inicial y repite con la otra pierna.

3

ENFRIAMIENTO

Tras una sesión de ejercicio físico, los enfriamientos aflojan los músculos que están tensos o rígidos. Estos estiramientos pueden realizarse más de 10 segundos porque los músculos aún están calientes.

Una ayuda adicional

Estos ejercicios permiten tonificar y moldear muslos y caderas, pero si quieres estar en forma deberás incluir alguna actividad que estimule la actividad cardiovascular como mínimo 15 minutos cada vez. Las opciones más sencillas son nadar, ir en bicicleta, caminar a paso ligero y correr, pero también ir al gimnasio o practicar algún deporte como el tenis. La cuestión es moverse y probar distintas actividades.

Estiramiento de caderas y muslos

1 Ponte de rodillas, coloca una rodilla alineada con el tobillo y la planta del pie apoyada en el suelo. Estira la otra pierna hacia atrás hasta que la rodilla toque el suelo.

2 Apoya las manos en la rodilla de delante para mantener el equilibrio. Cuenta hasta 10 y repite el ejercicio con la otra pierna.

Rodillas abrazadas

1 Túmbate de espaldas con las piernas rectas. Contrae los músculos abdominales y acerca ambas piernas al pecho.

2 Sujeta las rodillas con ambas manos y acércalas todo lo que puedas al pecho. Cuenta hasta 10.

3 Vuelve a la posición original y repite el ejercicio tantas veces como desees.

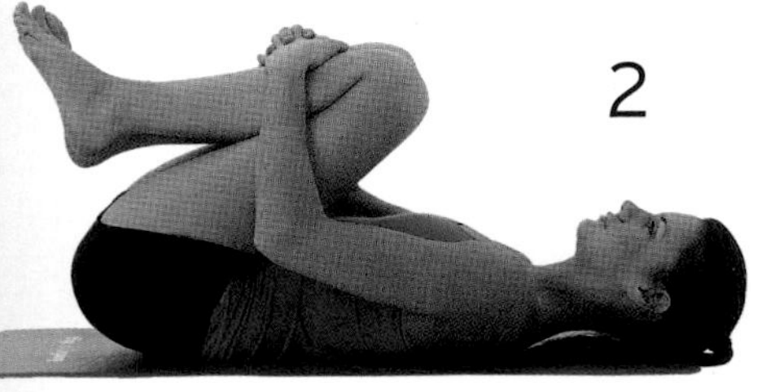

Estiramiento completo

1 De pie, deja caer los brazos a los lados del cuerpo y separa los pies un poco (alineados con las caderas).

2 Levanta los brazos por encima de la cabeza y enlaza las manos.

3 Extiende los brazos hacia arriba todo lo que puedas y nota el estiramiento en brazos, abdomen, caderas y muslos.

4 Cuenta hasta 10 y vuelve a la posición inicial.

PLAN QUINCENAL

En estas páginas encontrarás un sencillo plan de ejercicios para dos semanas. Aunque se divide en sesiones de seis minutos, si no estás habituada a hacer ejercicio no es necesario que empieces con la tabla completa; es mejor ir aumentando progresivamente la duración y el tipo de ejercicios. También puedes planificar tus propias tablas. Los ejercicios de este libro tonificarán los músculos de caderas y muslos con rapidez, pero no son adecuados para *fitness* ni para perder peso.

Plan quincenal

Estas tablas trabajan los músculos de caderas y muslos. Cada tabla se lleva a cabo en seis minutos, aunque el tiempo puede variar según la cantidad de repeticiones; no te preocupes si al principio no puedes seguirlas al pie de la letra, es sólo cuestión de práctica. Las tablas también tienen en cuenta el tiempo de preparación y las pausas entre ejercicios. Los números en cursiva indican las repeticiones que debes hacer.

Consejos para un mejor resultado

- **Empieza con ejercicios de calentamiento.**
- **Reflexiona sobre los resultados que deseas obtener y sé consciente de cómo reacciona el cuerpo.**
- **Recuerda contraer los músculos abdominales.**
- **Mantén la columna recta.**
- **Inspira con la preparación y espira con el movimiento.**
- **Realiza los movimientos con lentitud y delicadeza.**
- **Haz ejercicios de enfriamiento al terminar.**

Día 1

Inclinación de la pelvis: *1 serie (6-8)* **pág. 14**
Sentadilla básica: *1 serie (8-12)* **pág. 16**
Elevación hacia delante:
1 serie (8-12) por pierna **pág. 27**
Elevación hacia atrás:
1 serie (8-12) por pierna **pág. 27**
Flexión de rodilla doble: *1 serie (8-12)* **pág. 28**
Estiramiento de glúteos **pág. 38**
Estiramiento de cuádriceps **pág. 39**
Estiramiento de isquiotibiales **pág. 39**

Día 2

Extensión de piernas:
1 serie (10) por pierna **pág. 20**
Aductores con cojín: *6* **pág. 21**
Puente: *2-4* **pág. 22**
Puente con pierna extendida:
1 serie (6-8) por pierna **pág. 24**
Patadas laterales: *1 serie (6-8) por pierna* **pág. 30**
Estiramiento de glúteos **pág. 38**
Estiramiento del interior del muslo **pág. 40**

Día 3

Arriba y abajo: *1 serie (8-12)* **pág. 15**

Avance sobre glúteos : *1 serie (8-12)* **pág. 25**

Elevación lateral (tumbada):

1 serie por pierna (6-8) **pág. 34**

Cruce apoyando la rodilla:

1 serie por pierna (6-8) **pág. 36**

Estiramiento de glúteos **pág. 38**

Estiramiento del exterior del muslo **pág. 41**

Estiramiento de aductores **pág. 40**

Día 4

Estocada básica:

1 serie (6-8) por pierna **pág. 18**

Elevación lateral (de pie):

1 serie (10) por pierna **pág. 26**

Elevación hacia delante:

1 serie (8-12) por pierna **pág. 27**

Elevación hacia atrás:

1 serie (8-12) por pierna **pág. 27**

Flexión de rodilla:

1 serie (6-8) por pierna **pág. 29**

Estiramiento de glúteos **pág. 38**

Estiramiento de cuádriceps **pág. 39**

Estiramiento de isquiotibiales **pág. 39**

Día 5

Puente contrayendo glúteos:

1 serie (6-8) **pág. 23**

Puente con pierna extendida:

1 serie (6-8) por pierna **pág. 24**

Patadas laterales:

1 serie (8-10) por pierna **pág. 30**

Tijera: *1 serie* **pág. 31**

Estiramiento de glúteos **pág. 38**

Estiramiento de aductores **pág. 40**

Estiramiento de flexores de la cadera **pág. 41**

Día 6

Arriba y abajo: *1-2 series (6-12)* **pág. 15**

Sentadilla básica: *1-2 series (8-16)* **pág. 16**

Elevación lateral (de pie):

1-2 series (10-20) por pierna **pág. 26**

Elevación hacia delante:

1-2 series (10-20) por pierna **pág. 27**

Elevación hacia atrás:

1-2 series (10-20) por pierna **pág. 27**

Estiramiento de glúteos **pág. 38**

Estiramiento de cuádriceps **pág. 39**

Estiramiento de isquiotibiales **pág. 39**

Día 7

Inclinación de la pelvis: *1-2 series (10-20)* **pág. 14**

Estocada con step:

1-2 series (6-12) por pierna **pág. 19**

Flexión de rodilla:

1 serie (6-10) por pierna **pág. 29**

Elevación lateral (tumbada):

1 serie (6-10) por pierna **pág. 34**

Cruce apoyando la rodilla

1 serie (6-10) por pierna **pág. 36**

Estiramiento de glúteos **pág. 38**

Estiramiento de aductores **pág. 40**

Estiramiento de abductores **pág. 41**

Estiramiento de flexores de la cadera **pág. 41**

PLAN QUINCENAL

Día 8

Arriba y abajo: *1-2 series (8-16)* **pág. 15**

Sentadilla abierta *1 serie (8-12)* **pág. 17**

Elevación hacia delante:

1 serie (8-12) por pierna **pág. 27**

Elevación hacia atrás:

1 serie (8-12) por pierna **pág. 27**

Flexión de rodilla:

1 serie (8-12) por pierna **pág. 29**

Estiramiento de glúteos **pág. 38**

Estiramiento de cuádriceps **pág. 39**

Estiramiento de isquiotibiales **pág. 39**

Día 9

Extensión de piernas:

1-2 series (10-20) por pierna **pág. 20**

Aductores con cojín:

1-2 series (6-12) **pág. 21**

Puente: *1 serie (6-10)* **pág. 22**

Puente con pierna extendida:

1 serie (6-10) por pierna **pág. 24**

Glúteos con pierna cruzada:

1 serie (6-10) por pierna **pág. 25**

Estiramiento de glúteos **pág. 38**

Estiramiento de aductores **pág. 40**

Día 10

Avance sobre glúteos: *1 serie (8-12)* **pág. 25**

Extensión de pierna:

1 serie por pierna (6-8) **pág. 33**

Elevación con pierna extendida:

1 serie por pierna (6-8) **pág. 35**

Cruce apoyando el pie:

1 serie por pierna (6-8) **pág. 37**

Estiramiento de glúteos **pág. 38**

Estiramiento de abductores **pág. 41**

Estiramiento de aductores **pág. 40**

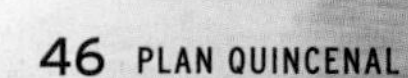

Día 11

Estocada con step:

1-2 series (10-20) por pierna **pág. 19**

Elevación lateral (de pie):

1-2 series (10-20) por pierna **pág. 26**

Elevación hacia delante:

1-2 series (10-20) por pierna **pág. 27**

Elevación hacia atrás:

1-2 series (10-20) por pierna **pág. 27**

Flexión de rodilla:

1 serie (6-8) por pierna **pág. 29**

Estiramiento de glúteos **pág. 38**

Estiramiento de cuádriceps **pág. 39**

Estiramiento de isquiotibiales **pág. 39**

Día 12

Puente contrayendo glúteos: *1 serie (6-8)* **pág. 23**

Puente con pierna extendida:

1-2 series (8-16) por pierna **pág. 24**

Flexión de rodilla:

1-2 series (8-16) por pierna **pág. 29**

Tijera: *2 series (16-20)* **pág. 31**

Estiramiento de glúteos **pág. 38**

Estiramiento de aductores **pág. 40**

Estiramiento de flexores de la cadera **pág. 41**

Día 13

Sentadilla sobre una pierna:

1-2 series (8-16) por pierna **pág. 17**

Elevación lateral (de pie):

1-2 series (10-20) por pierna **pág. 26**

Elevación hacia delante:

1-2 series (10-20) por pierna **pág. 27**

Elevación hacia atrás:

1-2 series (10-20) por pierna **pág. 27**

Flexión de rodilla doble: *1-2 series (6-12)* **pág. 28**

Estiramiento de glúteos **pág. 38**

Estiramiento de cuádriceps **pág. 39**

Estiramiento de isquiotibiales **pág. 39**

Día 14

Arriba y abajo: *1-2 series (10-20)* **pág. 15**

Estocada con step:

1-2 series (8-16) por pierna **pág. 19**

Flexión de rodilla:

1 serie (6-10) por pierna **pág. 29**

Elevación con pierna extendida:

1 serie (6-10) por pierna **pág. 35**

Cruce apoyando el pie:

1 serie (6-10) por pierna **pág. 37**

Estiramiento de glúteos **pág. 38**

Estiramiento de aductores **pág. 40**

Estiramiento de flexores de la cadera **pág. 41**

ÍNDICE ALFABÉTICO